THE MEDINAH ARABIC COURSE
For Children
- WORKBOOK LEVEL TWO -

كِتابُ التَّمارِينِ لِـ
دُرُوسُ اللُّغَةِ الْعَرَبِيَّةِ
لِغَيرِ النّاطِقِينَ بِها
لِلأَطْفالِ

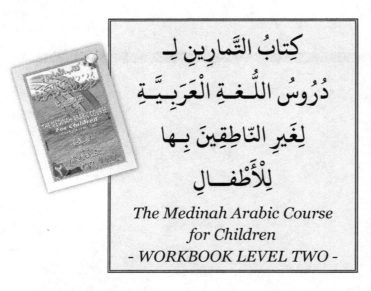

The Medinah Arabic Course
for Children
- WORKBOOK LEVEL TWO -

TAHA ARABIC BOOKS (KT 0294726-K)

ISBN : 978-967-0428-05-5
Second Edition

Please visit both Dr V. Abdur Rahim's website for the Arabic Language, and particularly mine for additional material and tips relating to calligraphy, the Arabic Language, teaching methodology as well as a complete teacher's guide (كِتابُ الْمُعَلِّمِ) for the seven-book children's series :

www.DrVaniya.com ***www.Taha-Arabic.com***

Shukran! شُكْرًا! Thank you!

مَعْلُومَاتُ الدَّارِسِ/الدَّارِسَةِ

اَسْمُ التِّلْمِيذِ/التِّلْمِيذَةِ : ________________

الْعُنْوانُ : ________________

____

____

____

اَسْمُ الْمَدْرَسَةِ : ________________

اَسْمُ الْأُسْتاذِ/الْأُسْتاذَةِ : ________________

الْفَصْلُ : ________________

السَّنَةُ : ________________

رَقْمُ الْهاتِفِ : ________________

مَعْلُوماتٌ أُخَرُ شَخْصِيَّةٌ

____

____

____

____

اَسْمُ التِّلْمِيذِ / التِّلْمِيذَةِ : ________

(١) تَمارِينُ الدَّرْسِ الأَوَّلِ

١ أَجِبْ (أَجِيبِي) عَنِ الأَسْئِلَةِ الآتِيَةِ كَما فِي الْمِثالِ :

● الْمِثالُ : ما هٰذا؟ هٰذا مَسْجِدٌ.

(١) ما هٰذا؟ ________

(٢) أَبَيْتٌ هٰذا؟ ________

(٣) أَمَسْجِدٌ هٰذا؟ ________

(٤) وَهٰذا، أَمَسْجِدٌ هٰذا؟ ________

(٥) ما هٰذا، وَما هٰذا؟ ________

٢ ٱضْبِطِ (ٱضْبِطِي) الْكَلِماتِ الآتِيَةَ كَما فِي الْمِثالِ :

● الْمِثالُ : هذا بيت. ← هٰذا بَيْتٌ.

(١) هذا مسجد. (٤) ما هذا؟ (٧) هذا بيت.

(٢) ما هذا؟ (٥) أبيت هذا؟ (٨) أمسجد هذا؟

(٣) نعم (٦) لا (٩) و

٣ لَوِّنْ (لَوِّنِي) هٰذِهِ الصُّورَةَ :

اسْمُ التِّلْمِيذِ / التِّلْمِيذَةِ : ____________

(٢) تَمارِينُ الدَّرْسِ الثَّانِي

١ أَجِبْ (أَجِيبِي) عَنِ الْأَسْئِلَةِ الْآتِيَةِ كَما فِي الْمِثالِ :

● الْمِثالُ : ما ذٰلِكَ؟ ذٰلِكَ مَسْجِدٌ.

(١) ما هٰذا، وَما ذٰلِكَ؟ ____________

(٢) أَبَيْتٌ هٰذا؟ ____________

(٣) ما ذٰلِكَ، وَما ذٰلِكَ؟ ____________

(٤) ما هٰذا، وَما ذٰلِكَ؟ ____________

(٥) أَمَسْجِدٌ ذٰلِكَ؟ ____________

٢ اِمْلأْ (اِمْلَئِي) الْفَراغَ فِيما يَلِي بِالْحَرْفِ الصَّحِيحِ :

(١) ذ.........ك (٤) ....ـٰذا (٧) ....ـا

(٢) مـ.........ـجد (٥) مسـ.........ـد (٨) هـٰ.........ا

(٣) بـ.........ـت (٦) بيـ......... (٩) نـ.........ـم

٣ أُدْخُلْ (أُدْخُلِي) مِنْ هُنا، وَٱخْرُجْ (وَٱخْرُجِي) مِنْ هُناكَ :

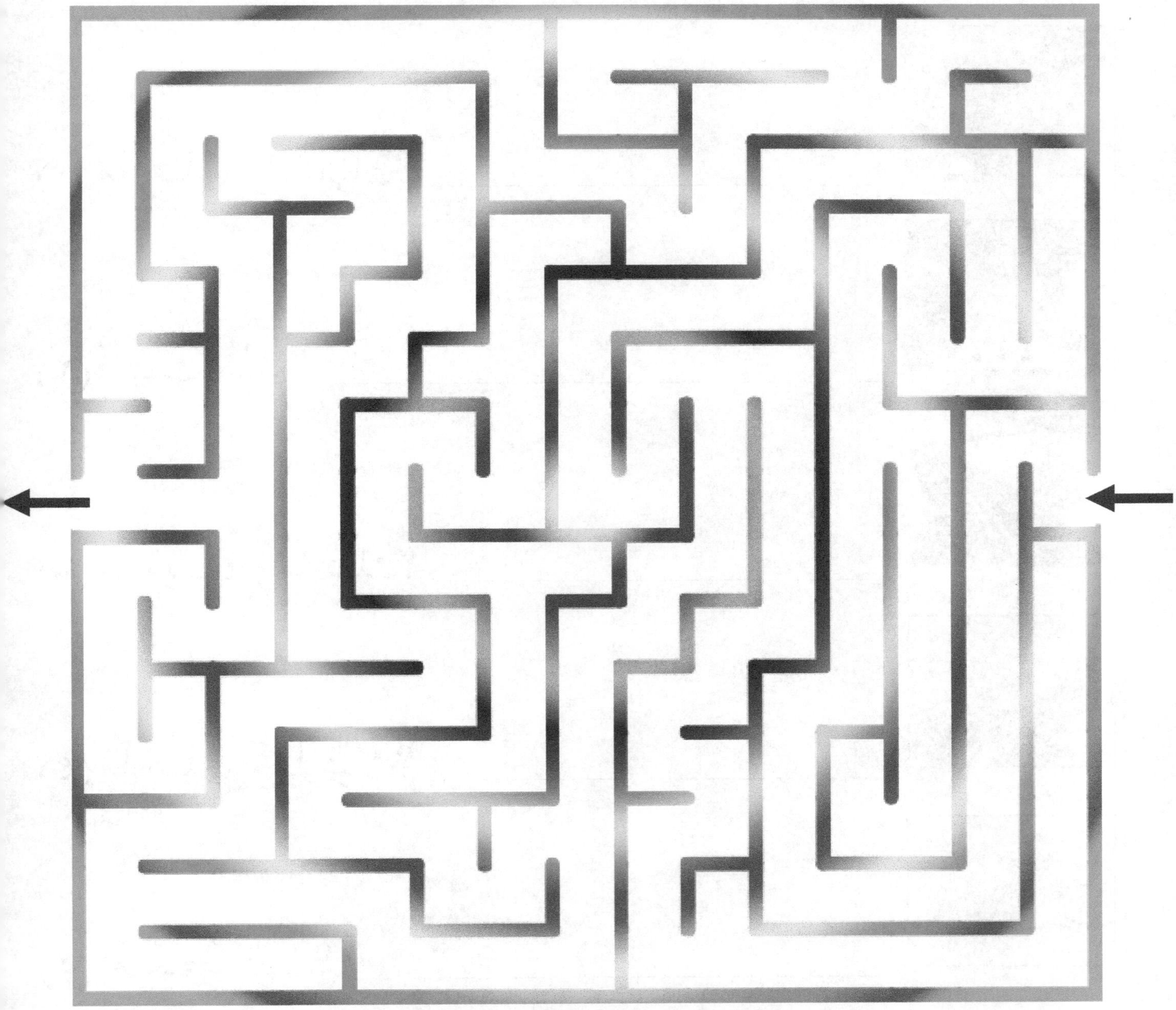

اَسْمُ التِّلْمِيذِ / التِّلْمِيذَةِ : ____________

(٣) تَمارِينُ الدَّرْسِ الثَّالِثِ

١ أَجِبْ (أَجِيبِي) عَنِ الْأَسْئِلَةِ الآتِيَةِ :

● الْمِثالُ : أَهِشامٌ هٰذا؟ لا، هٰذا كَمالٌ.

(١) مَنْ هٰذِهِ؟ ____________

(٢) أَبَيْتٌ ذٰلِكَ؟ ____________

(٣) ما هٰذا؟ ____________

(٤) مَنْ ذٰلِكَ؟ ____________

٢ اِمْلَأْ (اِمْلَئِي) الْفَراغَ فِيما يَلِي بِـ«هٰذا» أَوْ بِـ«هٰذِهِ» :

(١) ______ مَسْجِدٌ.

(٢) ______ فاطِمَةُ.

(٣) ______ هِشامٌ.

(٤) ______ جَمالٌ.

(٥) ______ جَمالٌ، وَ______ كَمالٌ.

(٦) ______ مَرْيَمُ، وَ______ آمِنَةُ.

(٧) أَبَيْتٌ ______؟ نَعَمْ.

(٨) مَنْ ______؟ ______ زَيْنَبُ.

٣ أُكْتُبْ (أُكْتُبِي) «✓» أَوْ «✗» فِي الْفَراغِ فِيما يَلِي :

هٰـذِهِ فـاطِـمَـةُ. ______

هٰـذا مَـسْـجِـدٌ، وَذٰلِـكَ بَـيْـتٌ. ______

مَنْ هٰـذا؟ هٰـذا هِشامٌ! ______

هٰـذا بَـيْـتٌ، وَذٰلِـكَ مَـسْـجِـدٌ. ______

٤ اِضْبِطْ (اِضْبِطِي) أَواخِـرَ الْكَـلِـمـاتِ :

(١) كَـمـال　　(٥) آمِـنَـة　　(٩) نَـعَـم

(٢) بَـيْـت　　(٦) مَسْجِـد　　(١٠) فاطِـمَـة

(٣) مَرْيَـم　　(٧) هٰـذِه　　(١١) حـامِـد

(٤) مَـن　　(٨) ذٰلِـك　　(١٢) زَيْـنَـب

٥ اِجْعَلْ (اِجْعَلِي) كُلَّ كَلِمَةٍ مِمَّا يَلِي فِي جُمْلَةٍ مُفِيدَةٍ :

أَ...؟
وَ
نَعَم

(١) ______

(٢) ______

(٣) ______

٦ صِلْ (صِلِي) بَيْنَ الْأَسْئِلَةِ وَالْأَجْوِبَةِ :

أَمَسْجِدٌ ذٰلِكَ؟	لا، هٰذِهِ فاطِمَةُ.
أَزَيْنَبُ هٰذِهِ؟	ذٰلِكَ جَمالٌ.
أَمَرْيَمُ هٰذِهِ؟	نَعَمْ، ذٰلِكَ مَسْجِدٌ.
أَبَيْتٌ هٰذا؟	هٰذا كَمالٌ، وَهٰذِهِ آمِنَةُ.
أَحامِدٌ ذٰلِكَ؟	نَعَمْ، هٰذِهِ زَيْنَبُ.
مَنْ ذٰلِكَ؟	لا، ذٰلِكَ هِشامٌ.
مَنْ هٰذا، وَمَنْ هٰذِهِ؟	نَعَمْ، هٰذا بَيْتٌ.

٧ رَتِّبِ (رَتِّبِي) الْكَلِمَاتِ فِي كُلِّ جُمْلَةٍ مِمَّا يَلِي :

[هٰذا ○ وَ ○ مَسْجِدُ ○ بَيْتُ. ○ هٰذا]

(١) ______________________

[ما ○ بَيْتُ. ○ ؟ ○ هٰذا ○ هٰذا]

(٢) ______________________

[أَ ○ نعَمْ. ○ ؟ ○ بَيْتُ ○ ذٰلِكَ]

(٣) ______________________

[مَنْ ○ آمِنَةُ. ○ هٰذِهِ ○ ؟ ○ هٰذِهِ]

(٤) ______________________

٨ اِجْعَلْ (اِجْعَلِي) كُلَّ كَلِمَةٍ مِمَّا يَلِي فِي جُمْلَةٍ مُفِيدَةٍ :

هٰذا
هٰذِهِ
ما...؟
ذٰلِكَ
مَنْ...؟

(١) ______________________

(٢) ______________________

(٣) ______________________

(٤) ______________________

(٥) ______________________

اَسْمُ التِّلْمِيذِ / التِّلْمِيذَةِ : ______

(٤) تَمارِينُ الدَّرْسِ الرَّابِعِ

١ أَجِبْ (أَجِيبِي) عَنِ الْأَسْئِلَةِ الْآتِيَةِ :

(١) مَنْ ذٰلِكَ؟ ______

(٢) أَزَيْنَبُ تِلْكَ؟ ______

(٣) مَنْ هٰذِهِ، وَمَنْ هٰذا؟ ______

(٤) مَنْ ذٰلِكَ، وَمَنْ تِلْكَ؟ ______

٢ رَتِّبْ (رَتِّبِي) الْكَلِماتِ فِيما يَلِي تَرْتِيبًا مُناسِبًا :

[تِلْكَ ○ وَ ○ آمِنَةُ. ○ ذٰلِكَ ○ كَمالٌ]

(١) ______

[أَ ○ جَمالٌ ○ ؟ ○ لا، ○ ذٰلِكَ ○ ذٰلِكَ ○ هِشامٌ.]

(٢) ______

[مَنْ ○ ؟ ○ زَيْنَبُ. ○ تِلْكَ ○ تِلْكَ]

(٣) ______

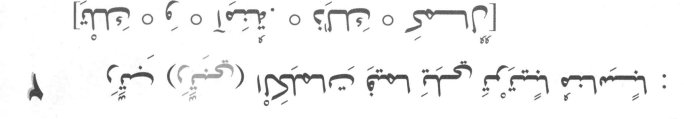

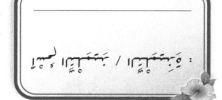

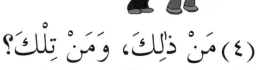

٣ اِجْعَلْ (اِجْعَلِي) كُلَّ كَلِمَةٍ مِمَّا يَلِي فِي جُمْلَةٍ مُفِيدَةٍ :

هٰذِهِ	(١) ______
ذٰلِكَ	(٢) ______
بَيْتٌ	(٣) ______
جَمالٌ	(٤) ______
تِلْكَ	(٥) ______
زَيْنَبُ	(٦) ______

٤ صِلْ (صِلِي) بَيْنَ الْكَلِماتِ وَالصُّوَرِ :

هٰذا مَسْجِدٌ.

تِلْكَ مَرْيَمُ.

ذٰلِكَ جَمالٌ.

هٰذا حامِدٌ.

ذٰلِكَ بَيْتٌ.

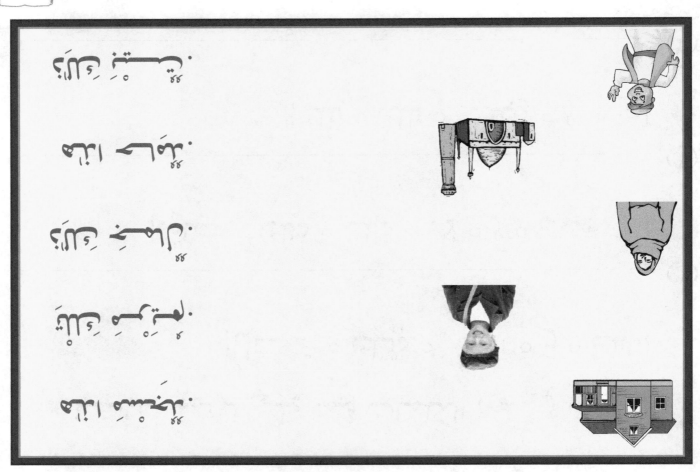

اسْمُ التِّلْمِيذِ / التِّلْمِيذَةِ :
______

١ أَجِبْ (أَجِيبِي) عَنِ الْأَسْئِلَةِ الْآتِيَةِ :

(١) ما هٰذا؟ ______

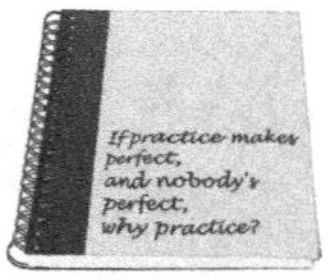

(٢) أَدَفْتَرٌ ذٰلِكَ؟ ______

(٣) مَنْ هٰذا، وَمَنْ تِلْكَ؟ ______

(٤) ما هٰذا؟ ______

(٥) ما هٰذا؟ ______

٢ اِمْلَأِ (اِمْلَئِي) الْفَراغَ فِيما يَلِي بِـ«ما» أَوْ بِـ«مَنْ» :

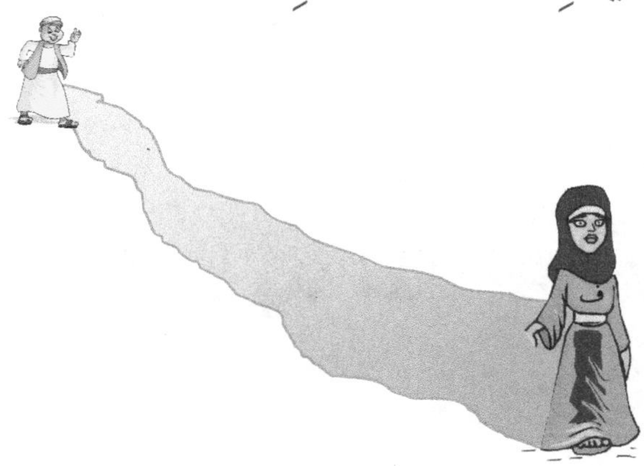

(١) ______ هٰذا؟ هٰذا قَلَمٌ.

(٢) وَ______ هٰذِهِ؟ هٰذِهِ فاطِمَةُ.

(٣) ______ ذٰلِكَ؟ ذٰلِكَ كَمالٌ.

(٤) ______ هٰذا، وَ______ ذٰلِكَ؟ هٰذا جَمالٌ، وَذٰلِكَ كِتابٌ.

(٥) ______ ذٰلِكَ، وَ______ تِلْكَ؟ ذٰلِكَ دَفْتَرٌ، وَتِلْكَ آمِنَةُ.

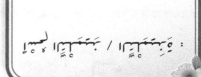

٣ صِلْ (صِلِي) بَيْنَ الْأَسْئِلَةِ وَالْأَجْوِبَةِ :

مَنْ تِلْكَ؟	هٰذا دَفْتَرٌ، وَذٰلِكَ قَلَمٌ.
مَنْ هٰذا، وَمَنْ تِلْكَ؟	نَعَمْ، تِلْكَ زَيْنَبُ.
أَزَيْنَبُ تِلْكَ؟	ذٰلِكَ حامِدٌ.
ما هٰذا، وَما ذٰلِكَ؟	تِلْكَ فاطِمَةُ.
أَزَيْنَبُ هٰذِهِ؟	هٰذا كَمالٌ، وَتِلْكَ مَرْيَمُ.
ما ذٰلِكَ، وَما هٰذا؟	لا، هٰذِهِ آمِنَةُ.
مَنْ ذٰلِكَ؟	ذٰلِكَ قَلَمٌ، وَهٰذا كِتابٌ.

٤ رَتِّبِ (رَتِّبي) الْكَلِماتِ فِيما يَلِي تَرْتِيبًا مُناسِبًا :

[مَنْ ○ مَرْيَمُ. ○ تِلْكَ ○ ؟ ○ تِلْكَ]

(١) ____________________

[وَ ○ قَلَمٌ ○ دَفْتَرٌ. ○ هٰذا ○ هٰذا]

(٢) ____________________

[أَ ○ ؟ ○ لا، ○ زَيْنَبُ ○ فاطِمَةُ. ○ هٰذِهِ ○ هٰذِهِ]

(٣) ____________________

[ما ○ كِتابٌ. ○ ذٰلِكَ ○ ؟ ○ ذٰلِكَ]

(٤) ____________________

٥ اِمْلَأِ (اِمْلَئِي) الْفَراغَ مِمَّا يَلِي بِـ«هٰذا» أَوْ بِـ«هٰذِهِ» :

(١) مَنْ ______؟ ______ زَيْنَبُ.

(٢) ما ______؟ ______ قَلَمٌ.

(٣) ______ مَسْجِدٌ.

(٤) أَدَفْتَرٌ ______؟ لا، ______ كِتابٌ.

(٥) ______ آمِنَةُ، وَ______ جَمالٌ. مَنْ ______؟!

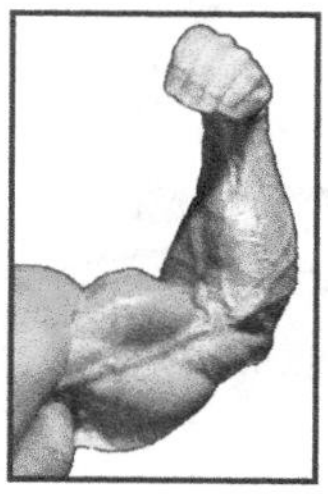

٦ اِجْعَلْ (اِجْعَلِي) كُلَّ اسْمٍ مِمَّا يَلِي فِي جُمْلَةٍ مُفِيدَةٍ :

وَ
دَفْتَرٌ
هِشَامٌ
لا
كِتَابٌ
تِلْكَ
قَلَمٌ

(١) ______

(٢) ______

(٣) ______

(٤) ______

(٥) ______

(٦) ______

(٧) ______

٧ لَوِّنْ (لَوِّنِي) هَـٰذِهِ الصُّورَةَ :

اَسْمُ التِّلْمِيذِ / التِّلْمِيذَةِ : ________

(٦) تَمارِينُ الدَّرْسِ السَّادِسِ

١ كَوِّنْ (كَوِّنِي) جُمَلاً عَلَىٰ غِرارِ الْمِثالِ :

● الْمِثالُ : بَيْتِي صَغِيرٌ وَجَمِيلٌ وَنَظِيفٌ.

(١) ________

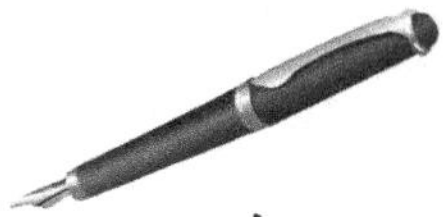

(٢) ________

(٣) ________

(٤) ________

(٥) ________

٢ اَضْبِطْ (اَضْبِطِي) أَواخِرَ الْكَلِماتِ :

(١) هٰذا (٥) تِلْك (٩) دَفْتَرِي

(٢) نَعَم (٦) جَمِيْل (١٠) صَغِير

(٣) بَيْتِي (٧) قَلَمِي (١١) كِتاب

(٤) نَظِيف (٨) هِشام (١٢) زَيْنَب

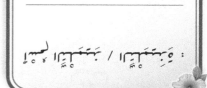

٣ رَتِّبْ (رَتِّبي) الْكَلِماتِ فِيما يَلِي تَرْتِيبًا مُناسِبًا :

[هٰذا ○ وَ ○ كِتابِيْ ○ قَلَمِيْ. ○ ذٰلِكَ]

(١) ________________________________

I asked my teacher :
"What do you plant to
grow a seedless
watermelon?"

[دَفْتَرِي ○ وَ ○ جَمِيلٌ ○ وَ ○ صَغِيرٌ ○ نَظِيفٌ.]

(٢) ________________________________

[مَنْ ○ تِلْكَ ○ وَ ○ هٰذِهِ ○ مَنْ ○ ؟]

(٣) ________________________________

[أَ ○ قَلَمِي ○ ؟ ○ ذٰلِكَ ○ نَعَمْ.]

(٤) ________________________________

٤ أُدْخُلْ (أُدْخُلِي) مِنْ هُنا، وَٱخْرُجْ (وَٱخْرُجِي) مِنْ هُناكَ :

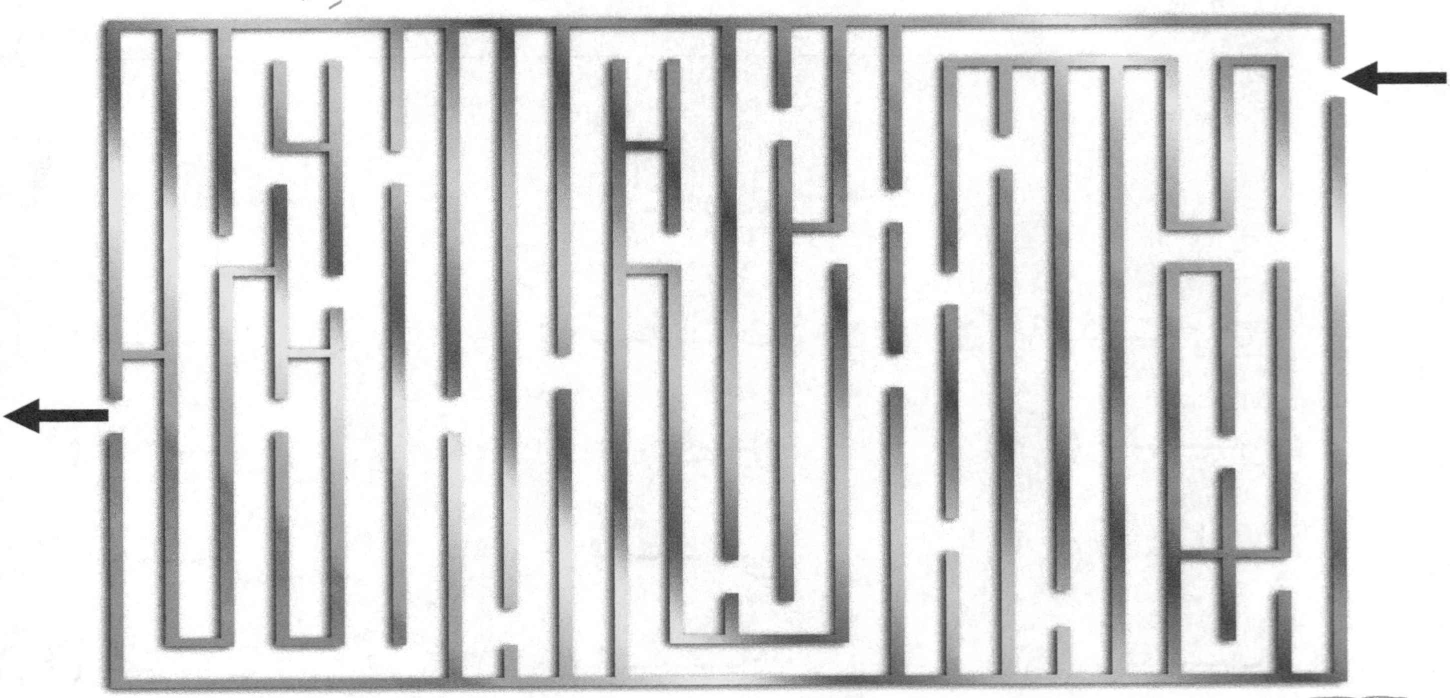

اَسْمُ التِّلْمِيذِ / التِّلْمِيذَةِ : ________

(٧) تَمارِينُ الدَّرْسِ السّابِعِ

١ كَوِّنْ (كَوِّنِي) جُمَلاً عَلَىٰ غِرارِ الْمِثالِ :

● الْمِثالُ : سَيّارَتِي صَغِيرَةٌ وَجَمِيلَةٌ وَنَظِيفَةٌ.

(١) ________________

(٢) ________________

(٣) ________________

(٤) ________________

(٥) ________________

٢ اِمْلَأْ (اِمْلَئِي) الْفَراغَ بِـ«هٰذا» أَوْ بِـ«هٰذِهِ» :

(١) ______ سَيّارَةٌ.　　(٥) ______ مَسْجِدٌ، وَ______ بَيْتٌ.

(٢) ______ جَمالٌ.　　(٦) ______ قَلَمٌ، وَ______ دَرّاجَةٌ.

(٣) أَساعَةٌ ______؟　　(٧) ما ______؟ أَكِتابٌ ______؟

(٤) ______ دَفْتَرِي.　　(٨) مَنْ ______؟ ______ أُمِّي.

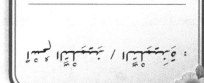

٣ صِلْ (صِلِي) بَيْنَ الْأَسْئِلَةِ وَالْأَجْوِبَةِ :

أَسَيَّارَةٌ تِلْكَ؟	تِلْكَ سَيَّارَةٌ.
ما هٰذِهِ، وَما ذٰلِكَ؟	هٰذا قَلَمٌ، وَتِلْكَ ساعَةٌ.
 ما تِلْكَ؟	هٰذِهِ ساعَةٌ، وَذٰلِكَ دَفْتَرٌ.
أَصَغِيرَةٌ فاطِمَةُ؟	لا، تِلْكَ دَرَّاجَةٌ.
 مَنْ تِلْكَ؟	هٰذا جَمالٌ، وَتِلْكَ زَيْنَبُ.
ما هٰذا، وَما تِلْكَ؟	تِلْكَ آمِنَةُ.
مَنْ هٰذا، وَمَنْ تِلْكَ؟	نَعَمْ، فاطِمَةُ صَغِيرَةٌ.

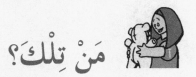

٤ كَوِّنْ (كَوِّنِي) جُمَلاً مُراعِيًا (مُراعِيَةً) الصُّوَرَ كَما فِي الْمِثالِ :

● الْمِثالُ : بَيْتِي كَبِيرٌ.

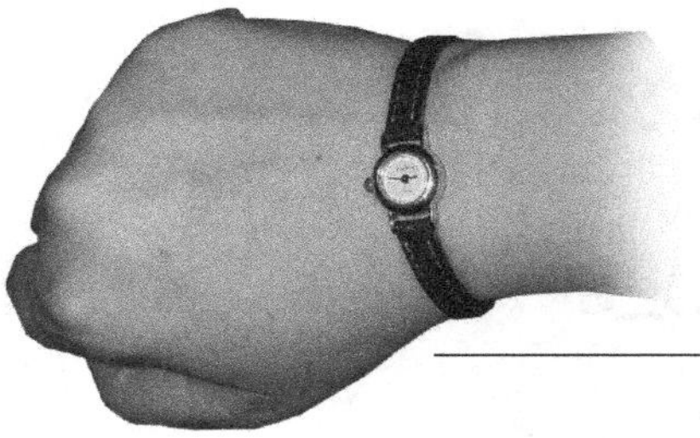

(١) ______________________

(٢) ______________________

(٣) ______________________

(٤) ______________________

(٥) ______________________

(٦) ______________________

(٧) ______________________

(٨) ______________________

(٩) ______________________

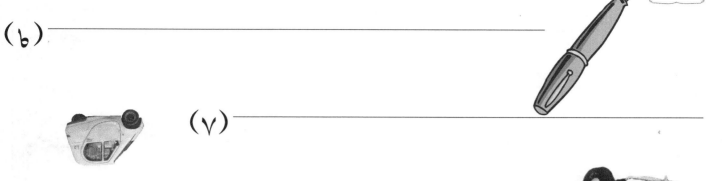

٥ صَحِّحِ (صَحِّحِي) الْجُمَلَ الْآتِيَةَ :

(١) هٰذا مَسْجِدُنْ. ______

(٢) أَقَلَمُ ذٰلِكَ؟ لا ، ذٰلِكَ قَلَمُ. ______

(٣) مَنْ هٰذا؟ هٰذا زيْنَبُ. ______

(٤) ذٰلِكَ سَيَّارَةٌ، وَتِلْكَ دَفْتَرُ. ______

(٥) هِشامُ جَمِيلَةٌ. ______

(٦) هٰذِهِ ساعَتِي. ساعَتِي صَغِيرٌ. ______

٦ اِجْعَلْ (اِجْعَلِي) كُلَّ كَلِمَةٍ مِمَّا يَلِي فِي جُمْلَةٍ مُفِيدَةٍ :

سَيَّارَتِي
كِتابِيْ
دَرَّاجَتِي
ساعَتِي
صَغِيرٌ
صَغِيرَةٌ
جَمِيلٌ
جَمِيلَةٌ

(١) ______

(٢) ______

(٣) ______

(٤) ______

(٥) ______

(٦) ______

(٧) ______

(٨) ______

اَسْمُ التِّلْمِيذِ / التِّلْمِيذَةِ : ____________

(٨) تَمارِينُ الدَّرْسِ الثّامِنِ

١ أَجِبْ (أَجِيبِي) عَنِ الْأَسْئِلَةِ الْآتِيَةِ :

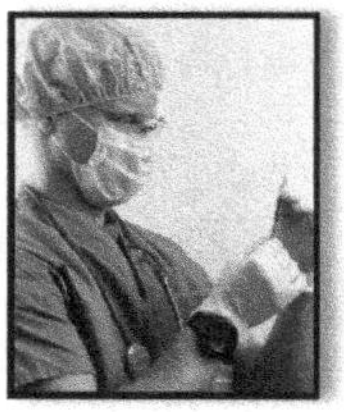

(١) مَنْ هٰذا؟ ____________

(٢) ما هٰذِهِ، وَما ذٰلِكَ؟ ____________

(٣) مَنْ تِلْكَ؟ ____________

(٤) ما هٰذا؟ ____________

٢ اِمْلَأِ (اِمْلَئِي) الْفَراغَ بِالْكَلِمَةِ الْمُناسِبَةِ :

كَمالٌ ◦ قَدِيمٌ ◦ كَبِيرَةٌ ◦ ذٰلِكَ ◦ تِلْكَ

(١) ساعَتِي جَدِيدَةٌ، وَقَلَمِي ______.

(٢) أَفاطِمَةُ ______؟ لا، تِلْكَ مَرْيَمُ.

(٣) بَيْتِي صَغِيرٌ، وَسَيّارَتِي ______.

(٤) مَنْ ذٰلِكَ؟ ذٰلِكَ أَخِي ______.

(٥) مَنْ ______؟ ذٰلِكَ أَبِي.

أَبِي ◦ أُمِّي ◦ أَخِي ◦ أُخْتِي

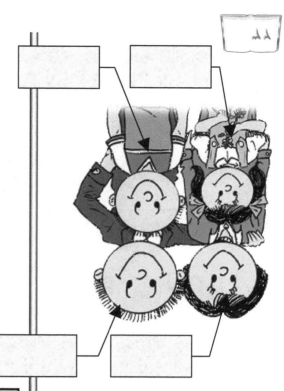

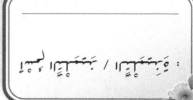

٣ اِمْلَأِ (اِملَئِي) الْفَراغَ فِيما يَلِي بِـ«ما» أَوْ بِـ«مَنْ» :

(١) ______ هٰـذا؟ هٰـذا قَلَمٌ.

(٢) ______ هٰـذِهِ؟ هٰـذِهِ آمِنَةُ.

(٣) ______ تِلْكَ، وَ______ ذٰلِكَ؟ تِلْكَ سَيَّارَةٌ، وَذٰلِكَ طَبِيبٌ.

(٤) ______ ذٰلِكَ؟ ذٰلِكَ أَخِي.

(٥) ______ هٰـذا، وَ______ ذٰلِكَ؟ هٰـذا جَمالٌ، وَذٰلِكَ كِتابٌ.

٤ رَتِّبِ (رَتِّبِي) الْكَلِماتِ فِيما يَلِي تَرْتِيبًا مُناسِبًا :

[أَنـا ○ هٰذِهِ ○ وَ ○ هِشامُ ○ أُمِّي. ○ أَبِي ○ وَ ○ هٰـذا]

(١) ______

[وَ ○ أُمِّي ○ أَبِي ○ مُدَرِّسٌ ○ طَبِيبَةٌ.]

(٢) ______

[مَرْيَمُ. ○ أَنـا ○ ؟ ○ أَنْتِ ○ مَنْ]

(٣) ______

[مَسْجِدٌ ○ مَسْجِدٌ. ○ أَ ○ ؟ ○ نَعَمْ، ○ ذٰلِكَ ○ ذٰلِكَ]

(٤) ______

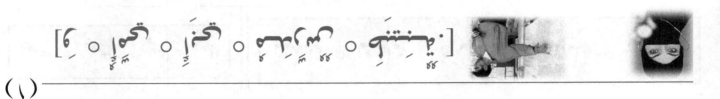

٥ ٱجْعَلْ (ٱجْعَلِي) كُلَّ كَلِمَةٍ مِمَّا يَلِي فِي جُمْلَةٍ مُفِيدَةٍ :

أَنـا
أَخِي
مُدَرِّسَةٌ
أُخْتِي
طَبِيبٌ
هٰـذِهِ
نَعَمْ
أَ...؟

(١) ____________

(٢) ____________

(٣) ____________

(٤) ____________

(٥) ____________

(٦) ____________

(٧) ____________

(٨) ____________

٦ صَحِّحِ (صَحِّحِي) الْجُمَلَ الآتِيَةَ :

(١) حـــامِدُ أَنــا. ____________

(٢) هـاذا كِتابٌ. ____________

(٣) أنا فاطِمَةُ. أَنا مُدَرِّسٌ. ____________

(٤) مَنْ تِلْكَ؟ تِلْكَ دَرَّاجَةٌ. ____________

(٥) أُخْتِـي صَغِيرٌ وَجَمِيلٌ. ____________

(٦) دَفْتَـرِي قَدِيـمَةٌ. ____________

٧ اِضْبِطْ (اِضْبِطِي) أَواخِرَ الْكَلِماتِ :

(١) أُخْــت	(٥) مَرْيَــم	(٩) نَعَــم
(٢) ساعَــة	(٦) مَسْجِـدِي	(١٠) طَبِيبَــة
(٣) مُحَمَّــد	(٧) كَبِيــرَة	(١١) كَبِيــر
(٤) طَبِيبِي	(٨) قَدِيــم	(١٢) مُدَرِّسَــة

٨ صِلْ (صِلِي) بَيْنَ الْكَلِماتِ وَالصُّوَرِ :

هٰذا طَبِيبٌ.

كِتابِي جَدِيدٌ.

كِتابِي قَدِيمٌ.

هٰذِهِ ساعَتِي.

هٰذِهِ دَرَّاجَةٌ.

سَيّارَتِي صَغِيرَةٌ.

سَيّارَتِي كَبِيرَةٌ.

اسْمُ التِّلْمِيذِ / التِّلْمِيذَةِ : ____________

(٩) تَمارِينُ الدَّرْسِ التَّاسِعِ

١ كَوِّنْ (كَوِّنِي) أَسْئِلَةً وَأَجْوِبَةً كَما فِي الْمِثالِ :

● الْمِثالُ : أَهِشامٌ أَنْتَ؟ نَعَمْ، أَنا هِشامٌ.

هِشامٌ – مُدَرِّسٌ – أَبٌ – مُسْلِمٌ – كَبِيرٌ – مُحَمَّدٌ

(١) ____________

(٢) ____________

(٣) ____________

(٤) ____________

(٥) ____________

٢ اِمْلَأْ (اِمْلَئِي) الْفَراغَ فِيما يَلِي بِـ«ذٰلِكَ» أَوْ بِـ«تِلْكَ» :

(١) أَأَبٌ ______؟ نَعَمْ.　　(٥) يا أَخِي، أَحامِدٌ ______؟ نَعَمْ.

(٢) ______ طَبِيبَةٌ.　　(٦) ما ______؟ ______ دَرَّاجَتِي.

(٣) ______ أُخْتِي.　　(٧) يا فاطِمَةُ، أَقَلَمِي ______؟ لا.

(٤) ______ طَبِيبٌ.　　(٨) مَنْ ______؟ ______ مَرْيَمُ.

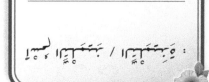

٣ كَوِّنْ (كَوِّنِي) أَسْئِلَةً وَأَجْوِبَةً كَما فِي الْمِثالِ :

● الْمِثالُ : أَحامِدٌ أَنْتَ؟ لا، أَنا جَمالٌ.

حامِدٌ
كَمالٌ
صَغِيرٌ
مُدَرِّسٌ
كَبِيرٌ
هِشامٌ
طَبِيبٌ

(١) ________

(٢) ________

(٣) ________

(٤) ________

(٥) ________

(٦) ________

٤ صَحِّحْ (صَحِّحِي) الْجُمَلَ الآتِيَةَ :

(١) أَمُدَرِّسٌ أَنْتَ؟ نَعَمْ، أَنا طَبِيبٌ. ________

(٢) يا أُسْتاذِي، ساعَتِي قَدِيمٌ. ________

(٣) مَنْ أَنْتَ؟ أَنا زَيْنَبُ. ________

(٤) يا أُخْتِي، كِتابِي كَبِيرَةٌ. ________

(٥) أَمُحَمَّدٌ أَنْتَ؟ لا، أَنا مُحَمَّدٌ. ________

(٦) أُمِّي طَبِيبٌ، وَأَبِي مُدَرِّسَةٌ. ________

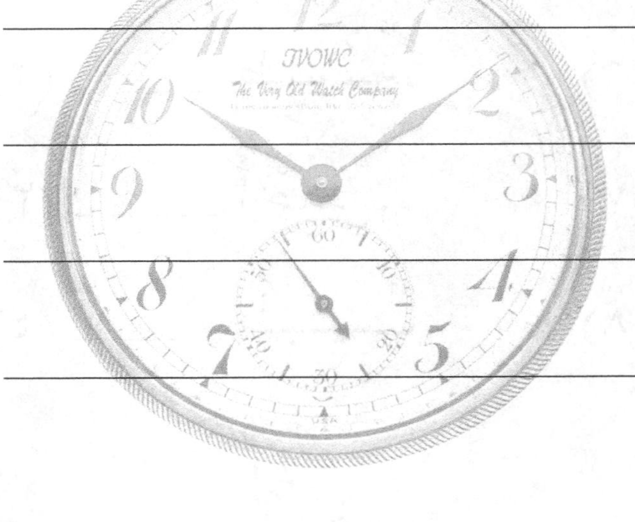

٥ صِلْ (صِلِي) بَيْنَ الْأَسْئِلَةِ وَالْأَجْوِبَةِ :

ما ذٰلِكَ، وما تِلْكَ؟	هٰذِهِ أُخْتِي وَذٰلِكَ أَبِي.
يا أُمِّي، أَمُدَرِّسَةٌ آمِنَةُ؟	أَنا طَبِيبٌ.
مَنْ هٰذِهِ، وَمَنْ ذٰلِكَ؟	نَعَمْ، أَنا مُسْلِمٌ.
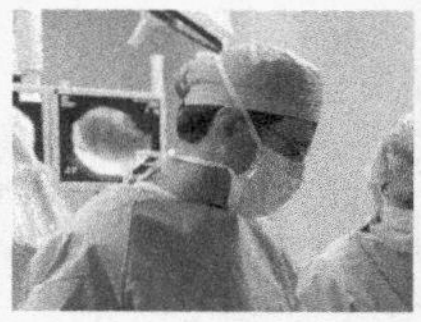 مَنْ أَنْتَ؟	هٰذِهِ دَرَّاجَةٌ، وَذٰلِكَ قَلَمٌ.
ما هٰذِهِ، وَما ذٰلِكَ؟	ذٰلِكَ دَفْتَرٌ، وَتِلْكَ ساعَةٌ.
يا أَخِي، أَمُسْلِمٌ أَنْتَ؟	لا، آمِنَةُ طَبِيبَةٌ.
أَجَمِيلَةٌ مَرْيَمُ؟	لا، أَنا جَمالٌ.
أَهِشامٌ أَنْتَ؟	نَعَمْ، مَرْيَمُ جَمِيلَةٌ.

٦ اِمْلَأْ (اِمْلَئِي) الْفَراغَ فِيما يَلِي بِالْكَلِمَةِ الْمُناسِبَةِ :

أَبِي ○ قَدِيمَةٌ ○ أُمِّي ○ دَرَّاجَتِي ○ مُسْلِمٌ ○ هٰذِهِ

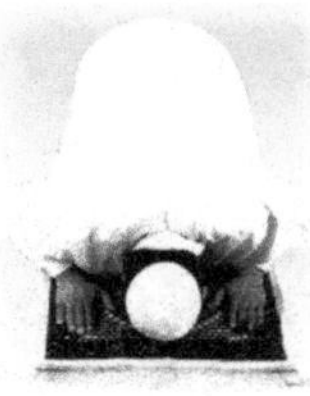

(١) أَبِي طَبِيبٌ، وَ______ مُدَرِّسَةٌ، وَالْحَمْدُ لِلَّهِ.

(٢) أَمُسْلِمٌ حامِدٌ؟ نَعَم، حامِدٌ ______.

(٣) ______ مَرْيَمُ. مَنْ تِلْكَ؟ تِلْكَ آمِنَةُ.

(٤) مَنْ فاطِمَةُ؟ فاطِمَةُ أُمِّي. وَمَنْ جَمالٌ؟ جَمالٌ ______.

(٥) ساعَتِي ______ وَجَمِيلَةٌ، وَ______ جَدِيدَةٌ وَجَمِيلَةٌ.

٧ لَوِّنْ (لَوِّنِي) هٰذِهِ الصُّورَةَ :

اَسْمُ التِّلْمِيذِ / التِّلْمِيذَةِ : ________________

تَمارِينُ الدَّرْسِ الْعاشِرِ (١٠)

١ حَوِّلِ (حَوِّلِي) الْجُمَلَ الْآتِيَةَ عَلَىٰ غِرارِ الْمِثالِ :

● أَمُسْلِمٌ أَنْتَ يا أَخِي؟ أَمُسْلِمَةٌ أَنْتِ يا أُخْتِي؟

(١) أَطَبِيبٌ أَنْتَ يا أَخِي؟ ________________

(٢) أَصَغِيرٌ أَنْتَ يا أَخِي؟ ________________

(٣) أَجَدِيدٌ أَنْتَ يا أَخِي؟ ________________

(٤) أَأَبٌ أَنْتَ يا أَخِي؟ ________________

(٥) أَكَمالٌ أَنْتَ يا أَخِي؟ ________________

٢ اِمْلَأْ (اِمْلَئِي) الْفَراغَ فِيما يَلِي بِـ«ما» أَوْ بِـ«مَنْ» :

(١) ______ هٰذا؟

(٢) ______ تِلْكَ؟

(٣) ______ ذٰلِكَ؟

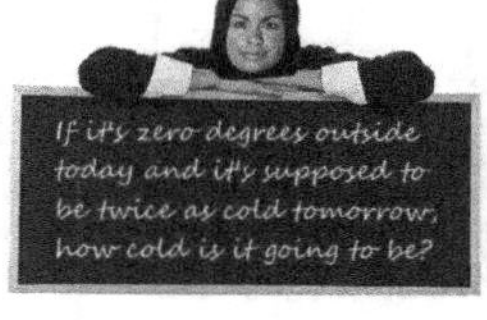

(٤) ______ هٰذِهِ؟

(٥) ______ ذٰلِكَ؟

(٦) ______ هٰذا؟

(٧) ______ هٰذِهِ؟

(٨) ______ تِلْكَ؟

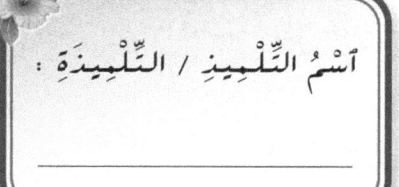

٣ رَتِّبْ (رَتِّبي) الْكَلِماتِ فِيما يَلِي تَرْتِيبًا مُناسِبًا :

[أَنْتَ ○ ؟ ○ مُدَرِّسٌ. ○ أنـا ○ مَنْ ○ أَخِي ○ يا]

(١) ____________________

[هٰذا ○ وَ ○ وَ ○ دَفْتَرٌ. ○ هٰذا ○ كِتابٌ ○ قَلَمٌ ○ هٰذا]

(٢) ____________________

[أَنْتِ ○ فاطِمَةُ ○ ؟ ○ لا، ○ أَ ○ أَنا ○ آمِنَةُ.]

(٣) ____________________

[وَ ○ دَرَّاجَةٌ ○ تِلْكَ ○ وَ ○ تِلْكَ ○ ساعَةٌ ○ سَيَّارَةٌ. ○ تِلْكَ]

(٤) ____________________

٤ اُدْخُلْ (اُدْخُلِي) مِنْ هُنا، وَٱخْرُجْ (وَٱخْرُجِي) مِنْ هُناكَ :

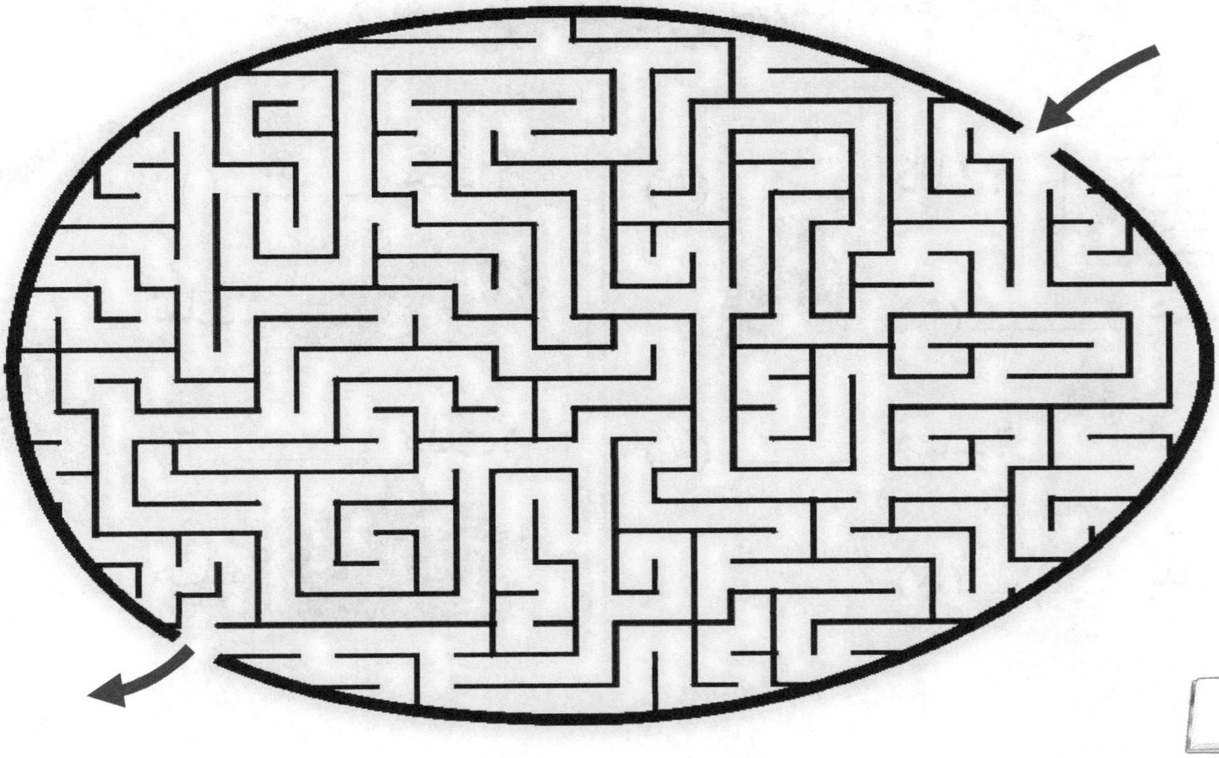

اسْمُ التِّلْمِيذِ / التِّلْمِيذَةِ :

(١١) تَمارِينُ الدَّرْسِ الحادِي عَشَرَ

١ اِقْرَأْ (اِقْرَئِي) ما يَلِي، ثُمَّ أَجِبْ (أَجِيبِي) عَنِ الأَسْئِلَةِ :

أَيْنَ مُحَمَّدٌ؟	أَيْنَ مَرْيَمُ؟
هُوَ هُناكَ.	هِيَ هُنا.
وَأَيْنَ كَمالٌ؟	وَأَيْنَ فاطِمَةُ؟
هُوَ هُنا.	هِيَ هُناكَ.

(١) أَيْنَ مُحَمَّدٌ؟ ______

(٢) وَأَيْنَ فاطِمَةُ؟ ______

(٣) أَيْنَ كَمالٌ؟ ______

(٤) وَأَيْنَ مَرْيَمُ؟ ______

(٥) مَنْ هُنا؟ ______

(٦) وَمَنْ هُناكَ؟ ______

(٧) أَهُنا مُحَمَّدٌ؟ ______

٢ صِلْ (صِلِي) بَيْنَ الْأَسْئِلَةِ وَالْأَجْوِبَةِ :

مَنْ ذٰلِكَ؟	هٰذا طَبِيبٌ، وَهٰذِهِ مُدَرِّسَةٌ.
ما هٰذِهِ، وَما هٰذا؟	هِيَ هُناكَ.
مَنْ هٰذا، وَمَنْ هٰذِهِ؟	نَعَمْ، أَنا طَبِيبٌ.
أَيْنَ أُخْتِي يا أُمِّي؟	هٰذِهِ ساعَةٌ، وَهٰذا دَفْتَرٌ.
أَكَبِيرٌ كِتابِي؟	نَعَمْ، هُوَ مُسْلِمٌ.
أَيْنَ ٱبْنِي؟	ذٰلِكَ أَبِي.
يا أَخِي، أَمُسْلِمٌ هُوَ؟	هُوَ هُنا.
أَطَبِيبٌ أَنْتَ؟	لا، هُوَ صَغِيرٌ.

٣ رَتِّبْ (رَتِّبي) الْكَلِماتِ فِيما يَلِي تَرْتِيبًا مُناسِبًا :

[أَيْنَ ○ هُناكَ. ○ هُوَ ○ ؟ ○ حامِدٌ]

(١) ________________________________

[أَ ○ نَعَمْ، ○ هٰذِهِ ○ هٰذِهِ ○ ساعَةٌ ○ ساعَةٌ. ○ ؟]

(٢) ________________________________

[مَرْيَمُ ○ مَنْ ○ هُنا ○ هُنا. ○ ؟]

(٣) ________________________________

[مُدَرِّسَةٌ ○ ؟ ○ أَ ○ فاطِمَةُ ○ لا، ○ هِيَ ○ طَبِيبَةٌ.]

(٤) ________________________________

٤ صَحِّحْ (صَحِّحِي) الْجُمَلَ الْآتِيَةَ :

(١) هاذِهِ دَرّاجَتُنْ. ________________

(٢) أَيْنَ آمِنَةُ؟ هُوَ هُناكَ. ________________

(٣) أَزَيْنَبُ تِلْكَ؟ لا، تِلْكَ زَيْنَبُ. ________________

(٤) مَنْ هٰذا؟ هٰذا بَيْتِي. ________________

(٥) يا أَخِي، أَمُدَرِّسَةٌ أَنْتَ؟ ________________

٥ ٱمْلَأْ (ٱملَئِي) الْفَراغَ فِيما يَلِي بِـ«أَنا» أَوْ بِـ«هُوَ» أَوْ بِـ«هِيَ» :

(١) مَنْ أَنْتَ يا أَخِي؟ ______ مُدَرِّسٌ.

(٢) مَنْ هُناكَ؟ أُمِّي هُناكَ. ______ طَبِيبَةٌ.

(٣) يا أُخْتِي، أَمُسْلِمَةٌ أَنْتِ؟ نَعَمْ، ______ مُسْلِمَةٌ جَدِيدَةٌ.

(٤) يا أَخِي، أَيْنَ هِشامٌ؟ ______ هُنا.

٦ ٱجْعَلْ (ٱجْعَلِي) كُلَّ كَلِمَةٍ مِمَّا يَلِي فِي جُمْلَةٍ مُفِيدَةٍ :

أَيْنَ...؟	(١) ______
هُوَ	(٢) ______
هِيَ	(٣) ______
هُنا	(٤) ______
هُناكَ	(٥) ______
بِنْتِي	(٦) ______
ٱبْنِي	(٧) ______
أَ...؟	(٨) ______
يا...	(٩) ______

اَسْمُ التِّلْميذِ / التِّلْميذَةِ :

____

(١٢) تَمارِينُ الدَّرْسِ الثّاني عَشَرَ

الْـ + كتابٌ ← الْكتابُ

١ كَوِّنْ (كَوِّني) أَمْثِلَةً عَلىٰ غِرارِ الْمِثالِ :

- هٰذا كِتابٌ. الْكِتابُ نَظِيفٌ.

(١) ______________________

(٢) ______________________

(٣) ______________________

(٤) ______________________

(٥) ______________________

(٦) ______________________

كِتابٌ	نَظِيفٌ
قَلَمٌ	قَدِيمٌ
مُسْلِمَةٌ	جَدِيدَةٌ
ماءٌ	بارِدٌ
مَدْرَسَةٌ	كَبِيرَةٌ
بَيْتٌ	جَمِيلٌ
مَلْعَبٌ	صَغِيرٌ

٢ اِضْبِطْ (اِضْبِطي) أَواخِرَ الْكَلِماتِ :

(١) بَيْت (٣) مُحَمَّد (٥) الْماء (٧) أُخْت (٩) نَعَم

(٢) الْبَيْت (٤) فاطِمَة (٦) ماء (٨) الْأُخْت (١٠) تِلْك

٣ أَجِبْ (أَجِيْبِي) عَنْ كُلِّ سُؤالٍ مِمَّا يَلِي كَما فِي الْمِثالِ :

● ماذا هُنـاكَ؟ الْقَلَـمُ هُنـــاكَ.

(١) ماذا هُناكَ؟ ______________________

(٢) مَـنْ هُناكَ؟ ______________________

(٣) ماذا هُـنـا؟ ______________________

(٤) مَنْ هُنا؟ ______________________

(٥) ماذا هُناكَ؟ ______________________

(٦) ماذا هُناكَ؟ ______________________

(٧) مَـنْ هُـنا؟ ______________________

(٨) ماذا هُـنـا؟ ______________________

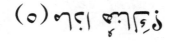

٤ رَتِّبْ (رَتِّبِي) الْكَلِماتِ فِيما يَلِي تَرْتِيبًا مُناسِبًا :

[مـاءٌ. ○ ذٰلِكَ ○ نَعَمْ، ○ ذٰلِـكَ ○ أَ ○ ؟ ○ مـاءٌ]

(١) ____________________

[السَّاعَةُ ○ هِيَ ○ أَيْنَ ○ ؟ ○ هُنـاكَ.]

(٢) ____________________

[يا ○ مَنْ ○ أُسْتاذِي ○ ؟ ○ مُدَرِّسَةٌ. ○ تِلْـكَ ○ هِيَ]

(٣) ____________________

٥ صِلْ (صِلِي) بَيْنَ الْكَلِماتِ وَالصُّوَرِ :

الْبَيْتُ جَدِيدٌ.

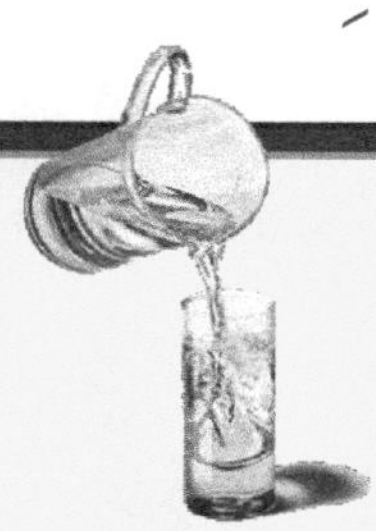

الْكِتابُ كَبِيرٌ.

الْماءُ بارِدٌ.

الْبَيْتُ قَدِيمٌ.

الْكِتابُ صَغِيرٌ.

٦ كَوِّنْ (كَوِّنِي) أَمْثِلَةً عَلَىٰ غِرارِ الْمِثـالِ :

● ما ذٰلِكَ؟ ذٰلِكَ بَيْتٌ. الْبَيْتُ صَغِيـرٌ.

(١) ______

(٢) ______

(٣) ______

(٤) ______

٧ لَوِّنْ (لَوِّنِي) هٰـذِهِ الصُّوَرَ :

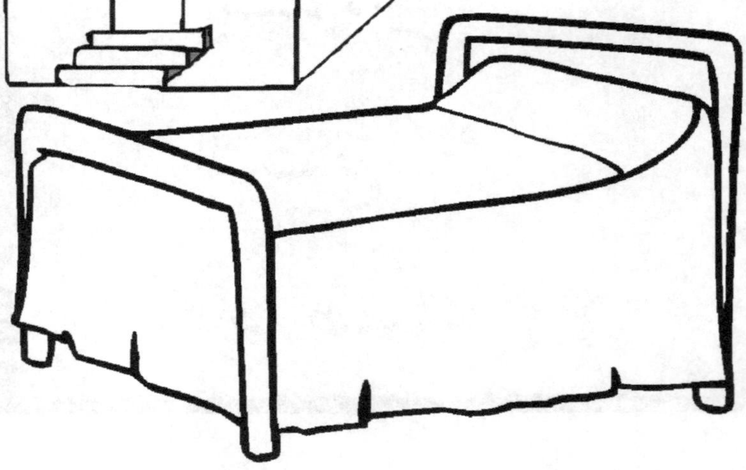

اسْمُ التِّلْمِيذِ / التِّلْمِيذَةِ : ________

(١٣) تَمارِينُ الدَّرْسِ الثَّالِثَ عَشَرَ

١ اِقْرَأْ (اِقْرَئِي) ما يَلِي، ثُمَّ أَجِبْ (أَجِيبِي) عَنِ الْأَسْئِلَةِ :

البيتُ ← فِي البيتِ

أَيْنَ كَمالٌ؟	أَيْنَ الْإِمامُ؟
هُوَ فِي الْغُرْفَةِ.	هُوَ فِي الْمَسْجِدِ.
وَأَيْنَ خَدِيجَةُ؟	وَأَيْنَ الْمُدَرِّسَةُ؟
هِيَ فِي الْبَيْتِ.	هِيَ فِي الْمَدْرَسَةِ.

(١) أَيْنَ خَدِيجَةُ؟ ________

(٢) وَأَيْنَ الْمُدَرِّسَةُ؟ ________

(٣) أَيْنَ كَمالٌ، وَأَيْنَ الْإِمامُ؟ ________

(٤) مَنْ فِي الْبَيْتِ؟ ________

(٥) أَفِي الْمَلْعَبِ كَمالٌ؟ ________

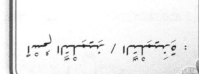

(٦) مَنْ فِي الْمَسْجِدِ؟ ________

٢ صِلْ (صِلِي) بَيْنَ الْأَسْئِلَةِ وَالْأَجْوِبَةِ :

أَفِي الْمَلْعَبِ فاطِمَةُ؟	نَعَمْ، هِيَ مُسْلِمَةٌ.
مَنْ أَنْتَ يا أَخِي؟	الْإِمامُ هُناكَ.
أَطَبِيبٌ قَدِيمٌ هُوَ؟	أَنا مُدَرِّسٌ جَدِيدٌ.
أَمُسْلِمَةٌ هِيَ؟	نَعَمْ، هُوَ نَظِيفٌ.
مَنْ أَنْتِ يا أُخْتِي؟	نَعَمْ، هُوَ طَبِيبٌ قَدِيمٌ.
أَنَظِيفٌ الْمَسْجِدُ؟	أَنا طَبِيبَةٌ جَدِيدَةٌ.
أَيْنَ جَمالٌ الْآنَ؟	لا، هِيَ فِي الْغُرْفَةِ.
مَنْ هُناكَ؟	هُوَ الْآنَ فِي الْمَدْرَسَةِ.

٣ ٱجْعَلْ (ٱجْعَلِي) كُلَّ كَلِمَةٍ مِمَّا يَلِي فِي جُمْلَةٍ مُفِيدَةٍ :

أَيْنَ...؟
هُنا
فِي
الْمَلْعَبُ
هُناكَ
الْمَدْرَسَةُ
بارِدٌ
يا...

(١) ________________

(٢) ________________

(٣) ________________

(٤) ________________

(٥) ________________

(٦) ________________

(٧) ________________

(٨) ________________

٤ ٱمْلَأِ (ٱمْلَئِي) الْفَراغَ فِيما يَلِي بِـ«نَعَمْ» أَوْ بِـ«لا» :

(١) 

أَطَبِيبَةٌ هٰذِهِ؟ ______.

(٥)  أَماءٌ هٰذا؟ ______.

(٢)  أَمُدَرِّسٌ هٰذا؟ ______.

(٦)  أَدَفْتَرٌ هٰذا؟ ______.

(٣)  أَإِمامٌ هٰذا؟ ______.

(٧) 

أَمَدْرَسَةٌ هٰذِهِ؟ ______.

(٤)  أَدَرَّاجَةٌ هٰذِهِ؟ ______.

(٨)  أَمَرْيَمُ هٰذِهِ؟! ______.

٥ اِمْلأْ (اِمْلَئِي) الْفَراغَ فِيما يَلِي بِالْكَلِمَةِ الْمُناسِبَةِ :

هُوَ ○ جَدِيدٌ ○ يا ○ أَيْنَ ○ هِيَ ○ سَيّارَةٌ ○ قَدِيمَةٌ ○ تِلْكَ

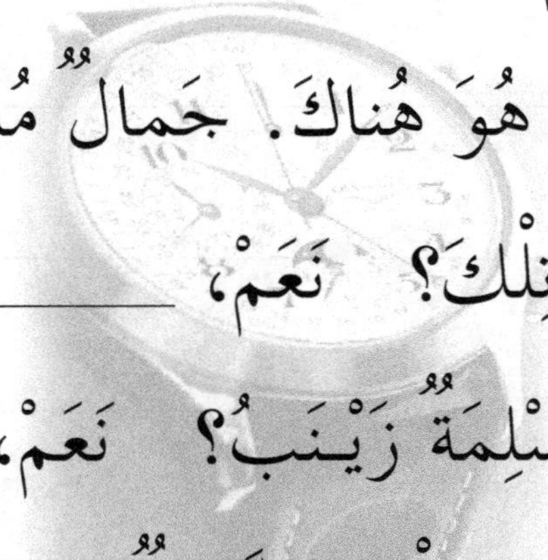

(١) أَمُحَمَّدٌ ذٰلِكَ؟ نَعَمْ، ذٰلِكَ مُحَمَّدٌ. ______ طَبِيبٌ جَدِيدٌ.

(٢) ______ جَمالٌ؟ هُوَ هُناكَ. جَمالٌ مُدَرِّسٌ ______.

(٣) يا أُسْتاذَتِي، أَساعَةٌ تِلْكَ؟ نَعَمْ، ______ ساعَةٌ.

(٤) ______ أَخِي، أَمُسْلِمَةٌ زَيْنَبُ؟ نَعَمْ، ______ مُسْلِمَةٌ.

(٥) أَ______ تِلْكَ؟ لا، تِلْكَ دَرّاجَةٌ. هِيَ ______.

٦ لَوِّنْ (لَوِّنِي) هٰذِهِ الصُّورَةَ :

اَسْمُ التِّلْمِيذِ / التِّلْمِيذَةِ : ________

(١٤) تَمارِينُ الدَّرْسِ الرَّابِعَ عَشَرَ

١ أَدْخِلْ (أَدْخِلِي) «ال» عَلَى الْكَلِماتِ الْآتِيَةِ :

الْـ + بيتٌ ← الْبيتُ	الْـ + دفترٌ ← الدَّفترُ

(١) قَمَرٌ : ________
(٢) شَمْسٌ : ________
(٣) مَسْجِدٌ : ________
(٤) دَفْتَرٌ : ________
(٥) بِنْتٌ : ________
(٦) ثالِثٌ : ________
(٧) مَدْرَسَةٌ : ________
(٨) طَبِيبٌ : ________
(٩) كِتابٌ : ________
(١٠) سَيّارَةٌ : ________
(١١) قَلَمٌ : ________
(١٢) تِلْمِيذٌ : ________

٢ جَرِّدْ (جَرِّدِي) الْكَلِماتِ الْآتِيَةَ مِنْ «ال» :

(١) الْإِمامُ : ________
(٢) الطَّبِيبَةُ : ________
(٣) الْبَيْتُ : ________
(٤) الْمُسْلِمُ : ________
(٥) الدَّرّاجَةُ : ________
(٦) الْغُرْفَةُ : ________

٣ رَتِّبِ (رَتِّبِي) الْكَلِماتِ فِيما يَلِـي تَرْتِيبًا مُناسِـبًا :

[فِي ○ الْكِتابُ ○ وَ ○ الدَّفْتَرُ ○ وَ ○ الْغُرْفَةِ. ○ الْقَلَمُ]

(١) ____________________

[هُنا ○ وَ ○ مَدْرَسَتِي ○ بَيْتِي ○ هُنـاكَ.]

(٢) ____________________

[مَنْ ○ فِي ○ ؟ ○ حامِدُ ○ فِي ○ الْمَلْعَبِ ○ الْمَلْعَبِ.]

(٣) ____________________

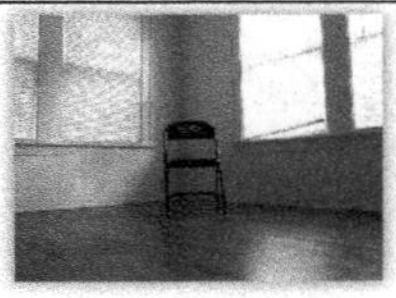

[خَدِيجَةُ ○ الْغُرْفَةِ. ○ هِيَ ○ ؟ ○ أَيْنَ ○ فِي]

(٤) ____________________

٤ صَحِّحِ (صَحِّحِي) الْجُمَلَ الآتِيَةَ :

(١) الْتِلْمِيذُ جَدِيدٌ. ____________________

(٢) هٰذا ماءٌ. الْماءُ بارِدَةٌ. ____________________

(٣) الْغُرْفَةُ كَبِيرٌ. ____________________

(٤) زَيْنَبُ فِي السَّيَّارَةُ. ____________________

(٥) الْأُمِّي هُناكَ. ____________________

٥ أَجِبْ (أَجِيبِي) عَنْ كُلِّ سُؤَالٍ مِمَّا يَلِي كَما فِي الْمِثالِ :

● الْمِثالُ : أَكَبِيـرَةٌ الْأُمُّ؟[1] نَعَمْ، الْأُمُّ كَبِيـرَةٌ.

(١) أَكَبِيـرَةٌ السَّاعَةُ؟ ________________

(٢) أَكَبِيـرَةٌ السَّاعَةُ؟ ________________

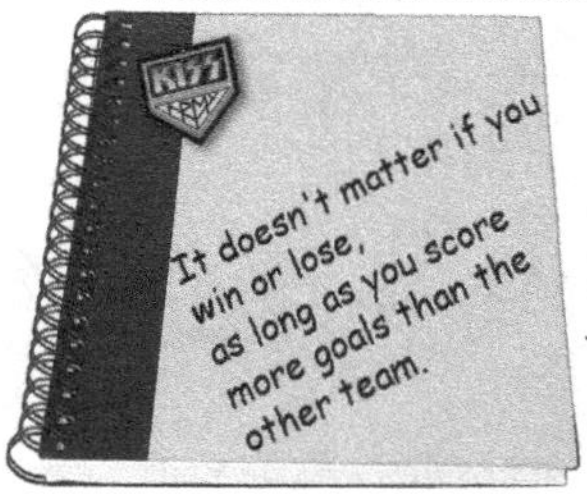

(٣) أَصَغِيـرٌ الدَّفْتَرُ؟ ________________

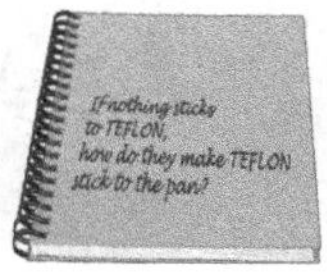

(٤) أَصَغِيـرٌ الدَّفْتَرُ؟ ________________

(٥) أَكَبِيـرَةٌ الدَّرَّاجَةُ؟ ________________

(٦) أَكَبِيـرَةٌ الدَّرَّاجَةُ؟ ________________

(٧) أَكَبِيـرَةٌ السَّـيَّارَةُ؟ ________________

(٨) أَكَبِيـرَةٌ السَّـيَّارَةُ؟ ________________

(٩) أَصَغِيـرٌ الْقَلَمُ؟ ________________

1 نُطْقُـهُ : أَكَبِيـرَةُ نِ الْأُمُّ؟

٦ ٱمْلَأْ (ٱملَئِي) الْفَراغَ فِيما يَلِي بِالْكَلِمَةِ الْمُناسِبَةِ :

أَنا ○ أَنْتِ ○ الْآنَ ○ طَبِيبَةٌ ○ السَّاعَةُ ○ فِي ○ كَبِيرَةٌ ○ جَمِيلٌ

(١) أَيْنَ الْمُدَرِّسُ؟ هُوَ ______ الْمَدْرَسَةِ. الْمَدْرَسَةُ ______.

(٢) الْإِمامُ فِي الْمَسْجِدِ ______. الْمَسْجِدُ ______، وَالْحَمْدُ لِلَّهِ.

(٣) أَجَمِيلَةٌ ______؟ نَعَمْ، هِيَ جَمِيلَةٌ.

(٤) مَنْ أَنْتَ يا أَخِي؟ ______ جَمالٌ.

(٥) مَنْ ______ يا أُخْتِي؟ أَنا فاطِمَةُ. أَنا ______ جَدِيدَةٌ.

٧ مَنْ هٰذا؟ / مَنْ هٰذِهِ؟

● هٰذا تِلْمِيذٌ.

(١) ______

(٢) ______

(٣) ______

(٤) ______

(٥) ______

(٦) ______

(٧) ______

اَسْمُ التِّلْمِيذِ / التِّلْمِيذَةِ :

(١٥) تَمارِينُ الدَّرْسِ الْخامِسَ عَشَرَ

١ اِقْرَأْ (اِقْرَئِي) ما يَلِي، ثُمَّ أَجِبْ (أَجِيبِي) عَنِ الْأَسْئِلَةِ :

- الْقَلَمُ وَالْكِتابُ وَالدَّفْتَرُ فِي الْحَقِيبَةِ.
- السَّمَكُ فِي الْمـاءِ.
- التَّاجِرُ فِي السُّوقِ.
- الشَّمْسُ وَالْقَمَرُ فِي السَّماءِ.
- الْإِمـامُ فِي الْمَسْجِدِ.
- التِّلْمِيذُ فِي الْمَدْرَسَةِ.
- الْوَلَدُ فِي الْمَلْعَبِ.

(١) أَيْنَ التَّـاجِرُ؟ ____________

(٢) أَيْـنَ الْقَمَـرُ؟ ____________

(٣) وَأَيْـنَ الشَّمْـسُ؟ ____________

(٤) أَيْنَ الْكِتابُ وَالدَّفْتَـرُ؟ ____________

(٥) وَأَيْـنَ السَّمَـكُ؟ ____________

(٦) أَيْـنَ الْإِمـامُ؟ ____________

(٧) أَيْـنَ التِّلْمِيذُ؟ ____________

(٨) مَنْ فِي السُّوقِ؟ ______

(٩) مَنْ فِي الْمَسْجِدِ؟ ______

(١٠) وَمَنْ فِي الْمَدْرَسَةِ؟ ______

(١١) ماذا فِي السَّماءِ؟ ______

(١٢) أَيْنَ الْوَلَدُ؟ ______

(١٣) ماذا فِي الْماءِ؟ ______

(١٤) ماذا فِي الْحَقِيبَةِ؟ ______

(١٥) أَفِي الْمَسْجِدِ الْوَلَدُ؟ ______

٢ اِجْعَلْ (اِجْعَلِي) كُلَّ كَلِمَةٍ مِمَّا يَلِي فِي جُمْلَةٍ مُفِيدَةٍ :

الْحَقِيبَةُ	(١) ______
الْماءُ	(٢) ______
فِي	(٣) ______
جَمِيلَةٌ	(٤) ______
هٰذِهِ	(٥) ______
مَنْ	(٦) ______
التِّلْمِيذُ	(٧) ______
مَدْرَسَتِي	(٨) ______

٣ اِمْلَأْ (اِمْلَئِي) الْفَراغَ فِيما يَلِي بِالْكَلِمَةِ الْمُناسِبَةِ :

فِي ○ الْمُدَرِّسُ ○ التَّاجِرُ ○ ماذا ○ دَرَّاجَتِي ○ الْقَمَرُ ○ مُدَرِّسَتِي

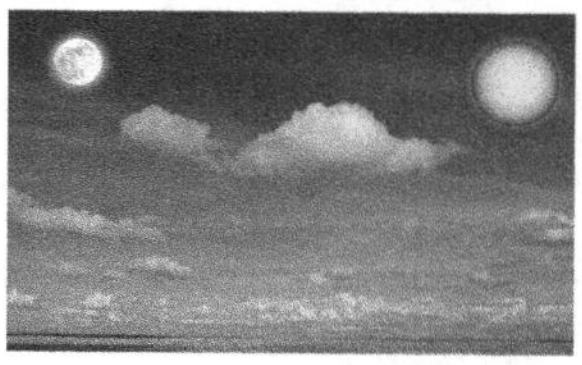

(١) الشَّمْسُ وَ ــــــــ فِي السَّمـاءِ.

(٢) مـا تِلْـكَ؟ تِلْـكَ ــــــــ. هِـيَ جَدِيـدَةٌ.

(٣) مَـنْ تِلْـكَ؟ تِلْـكَ ــــــــ. هِـيَ جَدِيـدَةٌ.

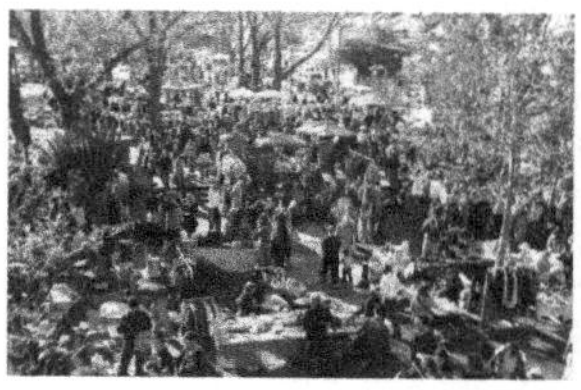

(٤) أَيْنَ ــــــــ؟ هُوَ فِي السُّوقِ. السُّوقُ كَبِـيرَةٌ.

(٥) ــــــــ فِي الْمَدْرَسَةِ الْآنَ، وَالْحَمْدُ لِلَّـهِ.

(٦) أَيْنَ الْإِمـامُ؟ هُوَ ــــــــ الْمَسْجِدِ.

(٧) ــــــــ فِي الْحَقِيبَةِ الْآنَ؟ الْكِتابُ وَالْقَلَمُ فِي الْحَقِيبَةِ الْآنَ.

٤ اِجْعَلْ (اِجْعَلِي) كُلَّ كَلِمَةٍ مِمَّا يَلِي فِي جُمْلَةٍ مُفِيدَةٍ :

أَ...؟
السَّمَكُ
ماذا...؟
يا...
وَ

(١) ــــــــــــــــــــ

(٢) ــــــــــــــــــــ

(٣) ــــــــــــــــــــ

(٤) ــــــــــــــــــــ

(٥) ــــــــــــــــــــ

٥ رَتِّبِ (رَتِّبِي) الْكَلِماتِ فِيما يَلِي تَرْتِيبًا مُناسِبًا :

[الْوَلَدُ ○ هُوَ ○ فِي ○ الْآنَ ○ ؟ ○ الْمَلْعَبِ. ○ أَيْنَ ○ الْآنَ]

(١) ______________________________

[مَنْ ○ السُّوقِ ○ فِي ○ السُّوقِ. ○ ؟ ○ التَّاجِرُ]

(٢) ______________________________

[مُدَرِّسَةٌ ○ أَ ○ لا، ○ طَبِيبَةٌ. ○ تِلْكَ ○ تِلْكَ ○ ؟]

(٣) ______________________________

[ماذا ○ فِي ○ الْماءِ ○ الْماءِ. ○ ؟ ○ السَّمَكُ ○ فِي]

(٤) ______________________________

٦ صَحِّحِ (صَحِّحِي) الْجُمَلَ الْآتِيَةَ :

(١) التِّلْمِيذُ فِي الْمَدْرَسَةُ. ______________________________

(٢) أَيْنَ الْإِمامُ؟ هِيَ فِي الْمَسْجِدِ. ______________________________

(٣) الْدفْتَرُ نَظِيفٌ. ______________________________

(٤) تِلْكَ أُمِّي. هُوَ مُدَرِّسَةٌ. ______________________________

(٥) مَنْ فِي الْبَيْتِي؟ ______________________________

ٱسْمُ التِّلْمِيذِ / التِّلْمِيذَةِ : ____________

(١٦) تَمارِينُ الدَّرْسِ السَّادِسَ عَشَرَ

١ أَجِبْ (أَجِيبِي) عَنْ هٰذِهِ الأَسْئِلَةِ :

● **الْمِثالُ : ما ٱسْمُك؟** ٱسْمِي .....

(١) ما ٱسْمُك؟ ____________

(٢) أَيْنَ بَيْتُك؟ ____________

(٣) مَنْ مُدَرِّسُك؟ ____________

(٤) أَيْنَ مَدْرَسَتُك؟ ____________

(٥) أَيْنَ قَلَمُك؟ ____________

(٦) أَيْنَ دَفْتَرُك؟ ____________

(٧) أَيْنَ ساعَتُك؟ ____________

(٨) مَنْ صَدِيقُك؟ ____________

(٩) أَيْنَ دَرَّاجَتُك؟ ____________

(١٠) أَيْنَ أُخْتُك؟ ____________

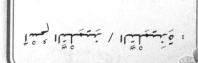

٢ أَضِفْ (أَضِيفِي) كُلَّ كَلِمَةٍ مِمَّا يَلِي إِلَىٰ ضَمِيرِ الْمُخاطَبِ «كَ» وَضَمِيرِ الْمُتَكَلِّمِ «ي» كَما فِي الْمِثالِ :

بَيْتٌ
قَلَمٌ
أُخْتٌ
كِتابٌ
مَدْرَسَةٌ
مُدَرِّسٌ

- هٰذا بَيْتِي. ذٰلِكَ بَيْتُكَ.

(١) ____________ ____________

(٢) ____________ ____________

(٣) ____________ ____________

(٤) ____________ ____________

(٥) ____________ ____________

٣ اِجْعَلْ (اِجْعَلِي) كُلَّ كَلِمَةٍ مِمَّا يَلِي فِي جُمْلَةٍ مُفِيدَةٍ :

بَيْتُكَ
أُخْتُكَ
قَرِيبٌ
أَيْنَ...؟
بَعِيدٌ
اُنْظُرْ

(١) ________________________

(٢) ________________________

(٣) ________________________

(٤) ________________________

(٥) ________________________

(٦) ________________________

٤ ما هٰـذا؟ / ما هٰـذِهِ؟

(١) ______

(٢) ______

(٣) ______

(٤) ______

(٥) ______

(٦) ______

(٧) ______

(٨) ______

٥ رتِّبِ (رَتِّبي) الْكَلِماتِ فِيما يَلِـي تَرْتِيبًا مُناسِبًا :

[الْمَسْجِدِ. ○ أُسْتاذِي ○ اُنْظُرْ ○ الْإِمامُ ○ فِي ○ يا]

(١) ______

[أَ ○ مَدْرَسَتِي. ○ تِلْكَ ○ نَعَمْ، ○ مَدْرَسَتُكَ ○ تِلْكَ ○ ؟]

(٢) ______

[قَرِيبٌ ○ وَ ○ بَعِيدٌ. ○ بَيْتُكَ ○ بَيْتِي]

(٣) ______

[يا ○ أُمِّي ○ صَدِيقِي. ○ اُنْظُرِي ○ ذٰلِكَ]

(٤) ______

٦ ٱجْعَلْ (ٱجْعَلِي) كُلَّ كَلِمَةٍ مِمَّا يَلِي فِي جُمْلَةٍ مُفِيدَةٍ :

كِتابُكَ	(١) ____________________
سَيَّارَتُكَ	(٢) ____________________
بَعِيدَةٌ	(٣) ____________________
أَيْنَ...؟	(٤) ____________________
قَرِيبَةٌ	(٥) ____________________

٧ صِلْ (صِلِي) بَيْنَ الْكَلِماتِ وَالصُّوَرِ :

السَّمَكُ فِي الْماءِ.

التَّاجِرُ فِي الدُّكَّانِ.

ٱنْظُرْ، بَيْتِي هُناكَ.

هِشامٌ صَدِيقِي.

يا أَخِي، ٱنْظُرْ، بَيْتِي هُنا.

بِنْتِي فِي الْمَلْعَبِ.

اسْمُ التِّلْمِيذِ / التِّلْمِيذَةِ : ____________

التَّارِيخُ : ____________

(١٧) تَمارِينُ الدَّرْسِ السَّابِعَ عَشَرَ

١ كَوِّنْ (كَوِّنِي) جُمَلاً كَما فِي الْمِثالِ :

● الْمِثالُ : أَيْنَ بَيْتُكَ يا أَخِي؟

أَيْنَ بَيْتُكِ يا أُخْتِي؟

(١) أَيْنَ قَلَمُكَ يا أَبِي؟

____

(٢) مَنْ تِلْكَ يا أُسْتاذِي؟ أَأُخْتُكَ هِيَ؟

____

(٣) يا أَخِي، بَيْتُكَ نَظِيفٌ.

____

(٤) أَيْنَ غُرْفَتُكَ يا تِلْمِيذِي؟

____

(٥) يا أَبِي، ساعَتِي جَدِيدَةٌ. اُنْظُرْ.

____

أُخْتِي | أُمِّي | أُسْتاذَتِي | أُخْتِي | تِلْمِيذَتِي | أُمِّي

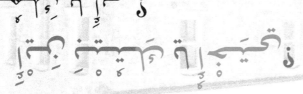

٢ صِلْ (صِلِي) بَيْنَ الْأَسْئِلَةِ وَأَجْوِبَتِها وَبَيْنَ الْفِقْرَتَيْنِ :

أبَعِيدٌ مَسْجِدُكَ؟	أُنْظُرِيْ، هُوَ فِي السَّماءِ.
السُّوقُ بارِدَةٌ.	هُوَ تاجِرٌ وَشَيْخٌ كَبِيرٌ.
يا آمِنَةُ، الْقَمَرُ جَمِيلٌ.	هِيَ فِي السَّماءِ.
ذٰلِكَ صَدِيقِي.	وَالدُّكّانُ بارِدٌ كَذٰلِكَ.
 أَيْنَ الشَّمْسُ؟	هِيَ تِلْمِيذَةٌ جَدِيدَةٌ.
يا ٱبْنِي، هٰذا سَمَكٌ.	لا، مَسْجِدِي قَرِيبٌ.
يا أُسْتاذَتِي، أَيْنَ بَيْتُكِ؟	هِيَ فِي غُرْفَتِي هُناكَ.
يا وَلَدُ، مَنْ فاطِمَةُ؟	هُوَ هُناكَ. هُوَ قَدِيمٌ.
أَيْنَ حَقِيبَتُكَ الْآنَ؟	أُنْظُرْ، هُوَ فِي الْماءِ.

٣ اِمْلَأْ (اِمْلَئِي) كُلَّ فَراغٍ مِمَّا يَلِي بِـ«أَنا» أَوْ بِـ«هُوَ» أَوْ بِـ«هِيَ» :

(١) مَنْ أَنْتَ يا أَخِي؟ ______ مُدَرِّسٌ. وَأُمِّي مُدَرِّسَةٌ كَذٰلِكَ.

(٢) ما تِلْكَ؟ تِلْكَ سُوقٌ. اُنْظُرْ، ______ بَعِيدَةٌ. هِيَ هُناكَ.

(٣) يا فاطِمَةُ، أَيْنَ مُدَرِّسُكِ؟ ______ هُناكَ. اُنْظُرِي.

(٤) يا أُخْتِي، أَتِلْمِيذَةٌ أَنْتِ؟ نَعَمْ، ______ تِلْمِيذَةٌ، وَأَبِي تاجِرٌ.

٤ رَتِّبْ (رَتِّبِي) الْكَلِماتِ فِيما يَلِي تَرْتِيبًا مُناسِبًا :

[ما ○ زَيْنَبُ. ○ ؟ ○ اِسْمِي ○ اِسْمُكِ ○ يا ○ تِلْمِيذَتِي]

(١) ______

[الْوَلَدُ ○ أَيْنَ ○ الْآنَ ○ فِي ○ الدُّكّانِ. ○ ؟ ○ هُوَ]

(٢) ______

[تِلْمِيذٌ ○ تِلْمِيذَةٌ ○ كَذٰلِكَ. ○ هِشامٌ ○ وَ ○ مَرْيَمُ]

(٣) ______

[حَقِيبَتِي. ○ حَقِيبَتُكَ ○ أَ ○ هِيَ ○ نَعَمْ، ○ تِلْكَ ○ ؟]

(٤) ______

٥ ما هٰذا؟ / ما هٰذِهِ؟ / مَنْ هٰذا؟ / مَنْ هٰذِهِ؟

● هٰذِهِ ساعَةٌ.

(١) ________________

(٢) ________________

(٣) ________________

(٤) ________________

(٥) ________________

(٦) ________________

(٧) ________________

(٨) ________________

(٩) ________________

(١٠) ________________

(١١) ________________

(١٢) ________________

(١٣) ________________

(١٤) ________________

(١٥) ________________

(١٦) ________________

(١٧) ________________

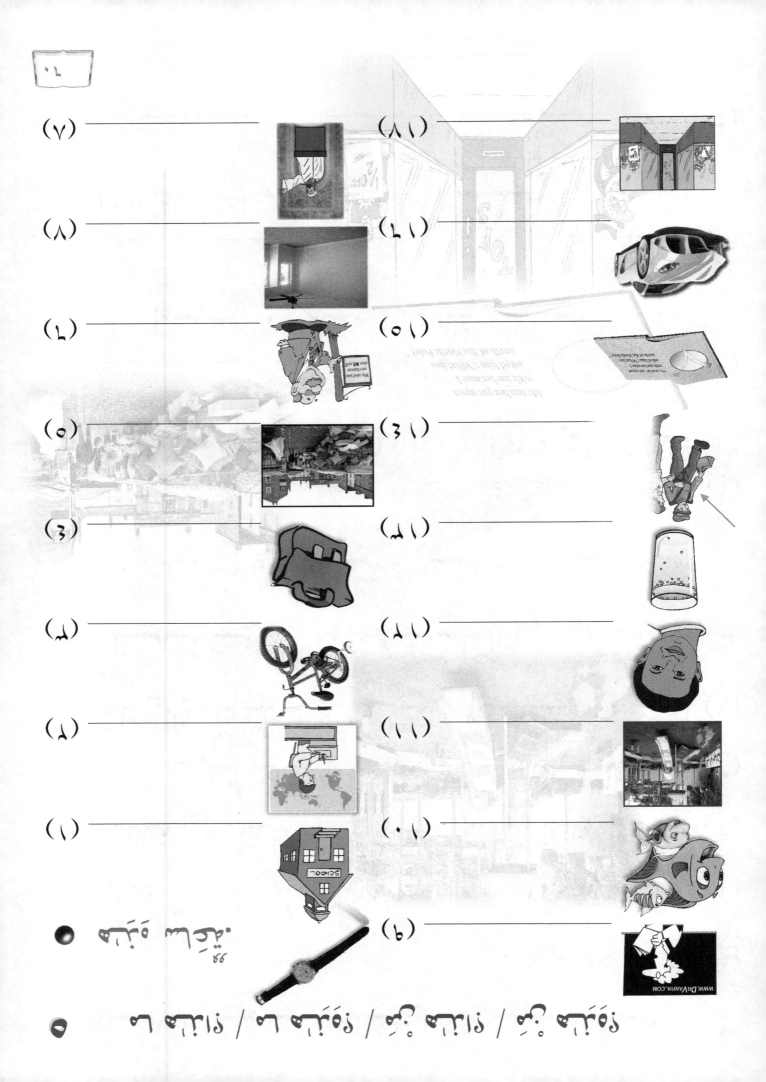

٦ صَحِّحْ (صَحِّحِي) الْجُمَلَ الْآتِيَةَ :

(١) الصَّدِيقِي قَرِيبٌ. ____________

(٢) يا أَخِي، هٰذا سَمَكِي. اُنْظُرِي. ____________

(٣) تِلْكَ السَّيَّارَتِي. ____________

(٤) يا مَرْيَمُ، ذٰلِكَ كِتابِي. اُنْظُرْ. ____________

(٥) هٰذِهِ سُوقٌ. هُوَ جَمِيلَةٌ. ____________

(٦) جَمالٌ تاجِرٌ، وَتاجِرٌ كَمالٌ كَذٰلِكَ. ____________

(٧) ما اسْمُكِ يا شَيْخِي؟ ____________

٧ اِجْعَلْ (اِجْعَلِي) كُلَّ كَلِمَةٍ مِمَّا يَلِي فِي جُمْلَةٍ مُفِيدَةٍ :

صَدِيقِي

قَلَمُكِ

أَنْتَ

مَدْرَسَتُكِ

اُنْظُرِي

تِلْمِيذَةٌ

اسْمُكَ

(١) ____________

(٢) ____________

(٣) ____________

(٤) ____________

(٥) ____________

(٦) ____________

(٧) ____________

٨ ٱمْلأْ (ٱمْلَئِي) الْفَراغَ فِيما يَلِي بِالْكَلِمَةِ الْمُناسِبَةِ :

تِلْمِيذَتِي ○ فِي ○ ٱنْظُرْ ○ كَذَٰلِكَ ○ يا ○ ٱنْظُرِي ○ بَعِيدَةٌ

(١) مَنْ فِي الْغُرْفَةِ الْآنَ؟ صَدِيقِي ______ الْغُرْفَةِ.

(٢) يا أَخِي، مَدْرَسَتِي بَعِيدَةٌ، وَمَسْجِدِي بَعِيدٌ ______. ______.

(٣) يا أُمِّي، حَقِيبَتِي جَمِيلَةٌ وَكَبِيرَةٌ. ______.

(٤) ما ٱسْمُكِ ______ بِنْتِي؟

(٥) أَيْنَ مَدْرَسَتُكِ يا ______؟ أَقَرِيبَةٌ هِيَ؟ لا، هِيَ ______.

٩ ٱجْعَلْ (ٱجْعَلِي) كُلَّ كَلِمَةٍ مِمَّا يَلِي فِي جُمْلَةٍ مُفِيدَةٍ :

شَيْخٌ
دُكَّانٌ
تاجِرٌ
حَقِيبَةٌ
سَمَكٌ
ٱنْظُرْ
بَعِيدٌ

(١) ______

(٢) ______

(٣) ______

(٤) ______

(٥) ______

(٦) ______

(٧) ______

Dictation / الْإِمْلاءُ

About The Author
Muhammad Taha Abdullah is an American convert to Islam since 1989. He studied at the Islamic University of Medinah, Saudi Arabia in the early 1990's. He is forty-four years old, married, has nine children and resides in Malaysia. He has been teaching Arabic for almost twenty years, and has written over 25 books related to Dr V. Abdur Rahim's revolutionary books and methodology.

About The Reviser
Dr V. Abdur Rahim is an outstanding scholar of Arabic Language. He was Professor of Arabic for 30 years at the world renowned Islamic University, Medinah, Saudi Arabia, and has been teaching Arabic to non-native speakers for 50 years. He is currently the director of the Translation Centre at the King Fahd Qur'an Printing Complex.

How This Book Was Made
This book was created with Microsoft Word 2007. Adobe Illustrator and Photoshop (Middle Eastern versions) were used for the drawings, illustrations and pictures which were then inserted into Word. The Word document was converted into a PDF using Adobe Acrobat Pro version 9.0.

Only Traditional Arabic (مِثْلُ هٰذَا) was used which I've modified using a font creator program; **bold dark blue** for captions, **bold pink** for feminine verbs, **bold purple** and **black** for text, and **bold brown** for examples. Font size is 30 points.

For page numbers I've used Simplified Arabic (١٢٣), as I've found it to be a bit easier to distinguish.

Please visit both Dr V. Abdur Rahim's website as well as mine for additional material and info relating to the Arabic Language, as well as teaching methodology :

www.DrVaniya.com ***www.Taha-Arabic.com***

Books By Muhammad Taha Abdullah and Dr V. Abdur Rahim :

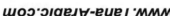